.pdf
EDICIÓN
DIGITAL

I0791415

.pdf

EDICIÓN DIGITAL

EVIA EDICIONES
ES PROPIEDAD DE EDICIONES VISUALES ALBERDI S.A.
BUENOS AIRES · ARGENTINA
www.eviatienda.com

Editorial

Queridas amigas:

¡Llega la primavera! Y el découpage es la técnica ideal para reflejar en nuestros trabajos, una explosión de color: servilletas y láminas con estampas florales, colores vivos y nuevas texturas se conjugan perfectamente.

Para ello, es imprescindible elegir pinturas y barnices que acompañen este espíritu de alegría y renovación, los invitamos a usar colores como el fucsia, turquesa y verde lima, entre otros. Dejemos atrás los días fríos y los colores grises y negros, para modificar nuestro entorno con una paleta mucho más vibrante.

Los trabajos que les proponemos hoy son utilitarios para el hogar: canasto, pava, maceta, perchero, almohadón… cualquiera de ellos aportará en la casa un toque de color, alegría y la satisfacción de haberlo hecho por nosotras.

Les damos algunos tips para tener en cuenta siempre que realicen esta técnica:

▶ si van a pegar servilletas sobre fibrofácil, telgopor, papel, yeso, corcho, etc., el pegamento adecuado es mod podge.

▶ si en cambio van a usar láminas para découpage, hay que usar adhesivo multipropósito.

▶ si desean adherir servilletas sobre telas de algodón previamente lavadas, usar découpage textil.

▶ si van a pegar sobre soportes lisos y difíciles como vidrio o loza esmaltada, usar barniz vitrificable.

SILVANA DI BELLA

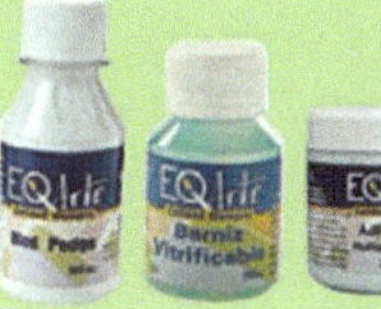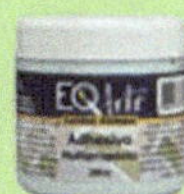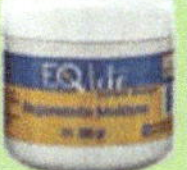

Sumario

Susana Zeroki
Profesora de
pintura decorativa
Tel.: 15-3243-3694
susanazeroki@hotmail.com
Susana Zeroki taller

Pamela Riveiro
Diseño Creativo
Tel.: 15-6951-0082
pamela_riveiro@hotmail.com
Pamela Riveiro diseño
Creativo

STAFF
DÉCOUPAGE
Fascículo N°3 - 2015

Dirección General | Hugo H. García
Director Comercial | Claudio G. Mieth
Directora Editorial | Cecilia García
Director de Producción | Gastón Guillén

Editora | Silvana Di Bella
Realización | Susana Zeroki | Pamela Riveiro

Diseño y diagramación | Vanina Quaglini

Redacción | Mariluz Giorgetti
Corrección | Adriana Cabrera
Fotografía | Luciano Bacchi
Producción | Ximena Peyrallo
Asistencia | Marta Mansilla

Fotocromos | Gráfica Futura S.A.
Río Cuarto 2201 • C.A.B.A.

Impresión | Latingráfica
Rocamora 4161 • C.A.B.A.

Propietario EViA ediciones
Ediciones Visuales Alberdi S.A.
Billinghurst 460 San Isidro • B1642BDJ
Buenos Aires • Argentina
www.eviaediciones.com | info@eviaediciones.com

DÉCOUPAGE® es una marca registrada de
Ediciones Visuales Alberdi S.A.

Impresa en Argentina en octubre de 2015

Prohibida la reproducción total o parcial del material
incluido en esta publicación aún mencionando la fuente.
Queda hecho el depósito como marca la ley 11.723
ISBN N° 978-987-622-473-4

Distribuidor en Capital | Vaccaro Hnos. Entre Ríos 919,
1er. Piso (1080) C.A.B.A. • Tel.: 4305-3854/3908

Distribuidor en Interior | D.I.S.A. Pte. Luis Sáenz Peña
1832/6 (1135) C.A.B.A. • Tel.: 4305-0114/3160

Bolivia | Agencia Moderna. Calle Gral. Acha E-0132 Cocha-
bamba - Bolivia Tel.: 425-0074 - amoderna@entelnet.bo
Chile | Distribuidora El rebusque. Morandé 671
Tel: 695-0109 elrebusquechile@hotmail.com
Costa Rica | Europrensa. Las Tunas, Sabana norte Apdo.
324-1299, Pavas, San José Costa Rica Tel.: 296-5907
Colombia | Comercializadora Josak. Calle 94 N° 11-20 of.
404- Tel.: (571)2184595 - josak@conlosmejores.com
www.conlosmejores.com
Ecuador | Disandes Cdla. La Garzota Mz. 2 Calle 7ma. y
Av. Agustín Freire Guayaquil Ecuador - Tel.: 224-7138
televisa@disandes.com.ec
EE.UU. | Spanish Periodical & Book Sales.
2105 NW 102 Ave. Miami. FL 33172 Tel.: 592-3919
info@spanishperiodical.com
México | Distribuidora Intermex.
Lucio Blanco 435 Col. San Juan Tlihuaca, México DF
Tel.: 5230-9500 msanche7@televisa.com.mx
Panamá | Panamex. Calle W y calle 15 - Parque LeFevre
Apdo. 451, Panamá 9 A - Tel.: 221-7015/7018
panamex@sinfo.net
Paraguay | Distribuidora Koeti. Montevideo 693 Asunción
Paraguay - Tel.: 44-7724 koeti@conexion.com.py
Uruguay | Rodesol S.A.. Ciudadela 1416 - Montevideo,
Uruguay - Tel.: 901-1184 rodesol@adinet.com.uy
Venezuela | Distribuidora Continental. Edificio Bloque de
Armas - Piso 9 Final Av. San Martín Caracas - Venezuela
Tel.: 451-2036 gerenciacomercial@dearmas.com

Agradecemos a:

FLOX
Lista de Casamientos | Regalos empresariales
Peña 2331/33 | Estacionamiento propio: Larrea 1541 |
Tel: 4806-7601 / 4807-0043

Editorial

Queridas amigas:

¡Llega la primavera! Y el découpage es la técnica ideal para reflejar en nuestros trabajos, una explosión de color: servilletas y láminas con estampas florales, colores vivos y nuevas texturas se conjugan perfectamente.

Para ello, es imprescindible elegir pinturas y barnices que acompañen este espíritu de alegría y renovación, los invitamos a usar colores como el fucsia, turquesa y verde lima, entre otros. Dejemos atrás los días fríos y los colores grises y negros, para modificar nuestro entorno con una paleta mucho más vibrante.

Los trabajos que les proponemos hoy son utilitarios para el hogar: canasto, pava, maceta, perchero, almohadón... cualquiera de ellos aportará en la casa un toque de color, alegría y la satisfacción de haberlo hecho por nosotras.

Les damos algunos tips para tener en cuenta siempre que realicen esta técnica:

▸ si van a pegar servilletas sobre fibrofácil, telgopor, papel, yeso, corcho, etc., el pegamento adecuado es mod podge.

▸ si en cambio van a usar láminas para découpage, hay que usar adhesivo multipropósito.

▸ si desean adherir servilletas sobre telas de algodón previamente lavadas, usar découpage textil.

▸ si van a pegar sobre soportes lisos y difíciles como vidrio o loza esmaltada, usar barniz vitrificable.

SILVANA DI BELLA

Sumario

Susana Zeroki
Profesora de
pintura decorativa
Tel.: 15-3243-3694
susanazeroki@hotmail.com
f Susana Zeroki taller

Pamela Riveiro
Diseño Creativo
Tel.: 15-6951-0082
pamela_riveiro@hotmail.com
f Pamela Riveiro diseño
Creativo

REALIZACIÓN: PAMELA RIVEIRO
Técnica: découpage sobre madera, mimbre y acero

Alegres colores y una técnica especial ¡sobre cualquier superficie!

Equipo perfecto

1. CANASTA: pintar el exterior de la canasta con base acrílica blanca y la ayuda de una esponjita. Dejar secar.

2. Recortar una guarda de la servilleta y retirar las dos capas posteriores.

3. Recortar el diseño principal de otra servilleta

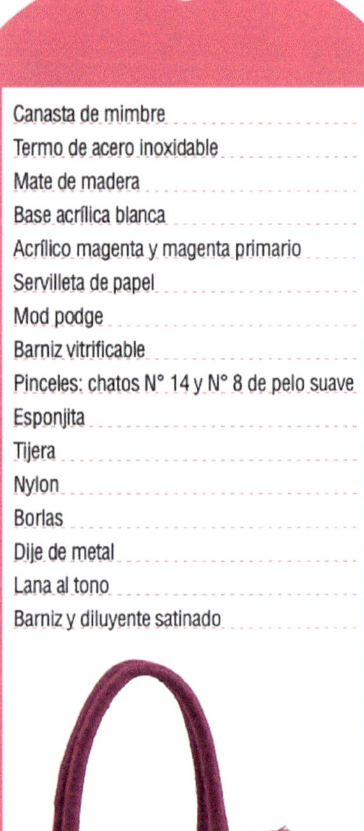

Canasta de mimbre
Termo de acero inoxidable
Mate de madera
Base acrílica blanca
Acrílico magenta y magenta primario
Servilleta de papel
Mod podge
Barniz vitrificable
Pinceles: chatos N° 14 y N° 8 de pelo suave
Esponjita
Tijera
Nylon
Borlas
Dije de metal
Lana al tono
Barniz y diluyente satinado

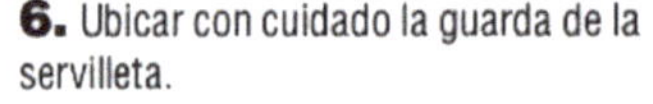

4. Retirar las dos capas posteriores de la servilleta.

5. Aplicar mod podge con ayuda de un pincel de cerda suave.

6. Ubicar con cuidado la guarda de la servilleta.

7. Colocar un nylon encima y presionar bien desde el centro hacia afuera para evitar que se formen arrugas y que se adhiera bien a la trama del mimbre.

8. Con el diseño principal, seguir los mismos pasos para aplicar el motivo.

9. Alisar con un nylon, luego aplicar una capa generosa de mod podge sobre la servilleta para que se adhiera bien. Dejar secar.

10. Para los bordes de la canasta, pintar con mezcla de acrílico magenta, magenta primario y base acrílica blanca.

11. Para las manijas, enrollar con lana al tono hasta cubrirlas todas.

12. Colgar de la parte superior las borlas y el dije.

1. TERMO: mezclar base acrílica color blanco con barniz vitrificable y pintar todo el termo con ayuda de una esponjita.
2. Recortar las diferentes palabras de la frase. Retirar los papeles sin impresión del revés.
3. Aplicar mod podge con ayuda de un pincel de pelo suave.
4. Ubicar la palabra recortada.
5. Colocar un nylon encima y presionar bien desde el centro hacia afuera para evitar que se formen arrugas.
6. Ir repitiendo con las diferentes palabras.
7. Luego aplicar cuadraditos de servilleta para que quede estilo patchwork.
8. Aplicar una capa generosa de mod podge sobre la servilleta para que se adhiera bien. Dejar secar. Finalmente, proteger el trabajo con barniz y diluyente satinado.

1. MATE: con base acrílica color blanco, pintar todo el mate con ayuda de un pincel de cerda suave.
2. Recortar diferentes cuadraditos de servilleta. Aplicar mod podge con ayuda de un pincel de pelo suave.
3. Ubicar un cuadradito, colocar un nylon encima y presionar bien desde el centro hacia afuera para evitar que se formen arrugas.
4. Aplicar una capa generosa de mod podge sobre la servilleta para que se adhiera bien.
5. Ir repitiendo con los diferentes cuadraditos de servilleta para que quede estilo patchwork. Dejar secar.
6. Proteger el trabajo con barniz y diluyente satinado.

REALIZACIÓN: SUSANA ZEROKI
Técnica: découpage, blondas y decapado
Para ubicar en cualquier lugar, quincho, cocina…
Muy práctico

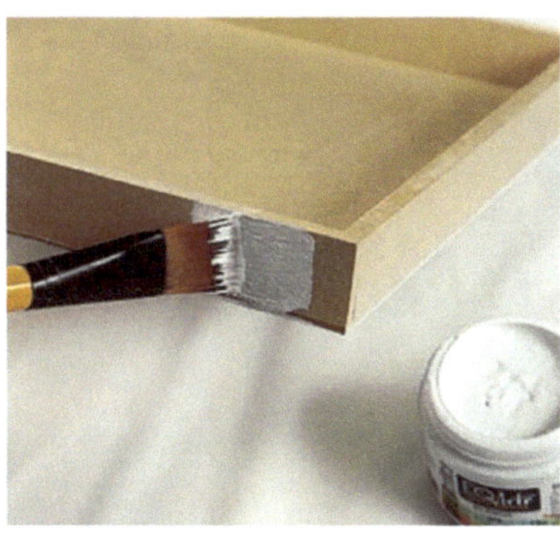

1. Pintar con base acrílica blanca, la parte externa de los estantes, dejar secar.

2. Pasar vela en el interior siguiendo una misma dirección.

3. Mezclar base acrílica blanca con acrílico verde talo y pintar el interior usando el pincel chato N° 24.

Materiales

Organizador de 3 estantes
Base acrílica blanca
Acrílico verde talo
Servilletas
Blondas de papel de diferentes tamaños
Mod podge
Barniz y diluyente mate
Vela
Tijera y lápiz
Nylon, lijas fina y gruesa
Pincel de fibra sintética: chato N° 24

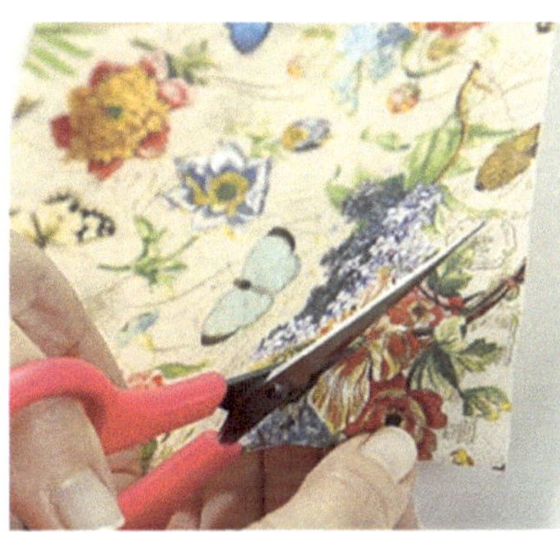

4. Marcar y recortar las servilletas del tamaño de los centros de las blondas.

5. Retirar los papeles no impresos del revés.

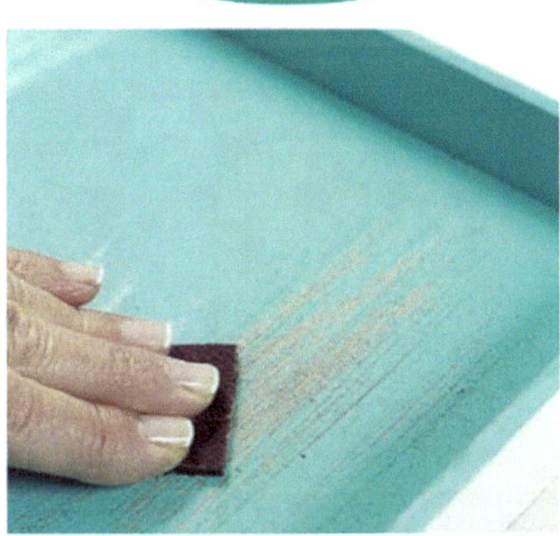

6. Lijar la superficie hasta lograr el efecto deseado y retirar el polvillo.

7. Pasar mod podge sobre la superficie.

8. Ubicar y pegar la blonda de papel. Alisar la superficie con un nylon.

9. Pasar mod podge en el centro de la blonda, ubicar y pegar el recorte de la servilleta.

10. Nuevamente aplicar mod podge para asegurar la adherencia.

11. Pasar mod podge sobre uno de los laterales de los estantes.

12. Retirar los papeles blancos no impresos, ubicar y pegar la servilleta. Alisar la superficie con un nylon y dejar secar.

13. Retirar el excedente de servilleta utilizando una lija fina.

14. Pasar mod podge sobre la superficie, dejar secar y proceder de la misma forma con el resto de los cajones.

15. Proteger toda la pieza con barniz y diluyente mate.

REALIZACIÓN: PAMELA RIVEIRO
Técnica: découpage y esténcil con textura

Letras elegidas para decorar un perchero muy personal.

Cada cosa en su lugar

1. Pintar el bastidor con base acrílica blanca. Dejar secar.

2. Recortar la guarda de servilleta.

3. Retirar las dos capas posteriores de la servilleta. Aplicar mod podge con ayuda de un pincel de pelo suave en la parte inferior del bastidor.

Materiales

- Bastidores de fibrofácil
- Letras de fibrofácil
- Base acrílica blanca, rojo carmín y verde lima
- Acrílico rosado
- Tiradores
- Servilletas de papel
- Mod podge
- Pasta de modelar
- Esténcil de flores
- Pinceles: chato N° 14, pincel redondo y de pelo suave
- Tijera
- Nylon
- Lija
- Pegamento multiuso
- Barniz y diluyente satinado

4. Ubicar la servilleta.

5. Colocar un nylon encima y presionar bien desde el centro hacia afuera para evitar que se formen arrugas.

6. Aplicar una capa generosa de mod podge sobre la servilleta para que se adhiera bien. Dejar secar.

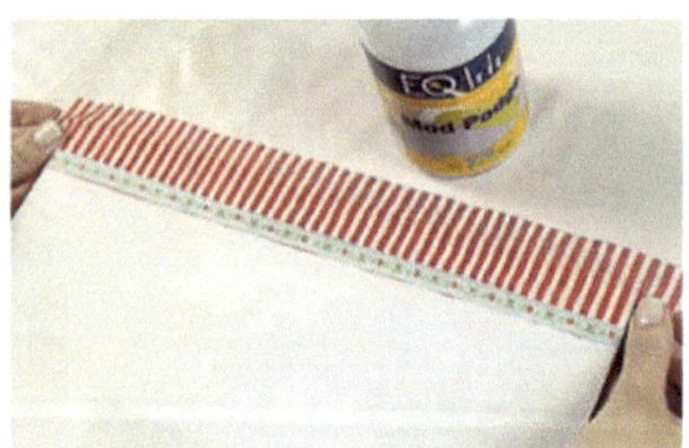

7. Adherir la otra guarda en la parte superior del bastidor.

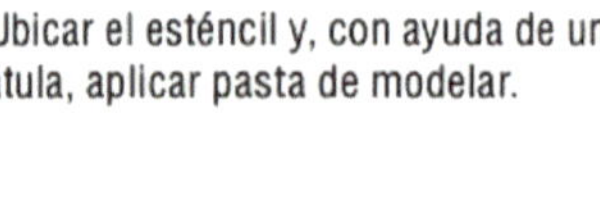

8. Ubicar el esténcil y, con ayuda de una espátula, aplicar pasta de modelar.

9. Levantar el esténcil y dejar secar.

10. Pintar con base acrílica rojo carmín y dejar secar.

11. Lijar para que se resalte la textura del esténcil.

12. Para intercalar, vamos a hacer un bastidor completo con découpage.

13. Para las letras, pintar los bordes con base verde lima.

14. Luego, pintar el frente de las letras con acrílico rosado.

15. Recortar diferentes diseños de corazones.

16. Aplicar mod podge con pincel y adherir las diferentes figuras recortadas.

17. Aplicar una capa generosa de mod podge encima de las figuras para proteger el découpage.

18. Con un pincel redondo y base acrílica verde lima, realizar comas y líneas para decorar la letra.

19. Pegar las letras al bastidor con pegamento multiuso.

20. Proteger bien toda la superficie del découpage con barniz y diluyente satinado.

21. Colocar en cada bastidor diferentes tiradores.

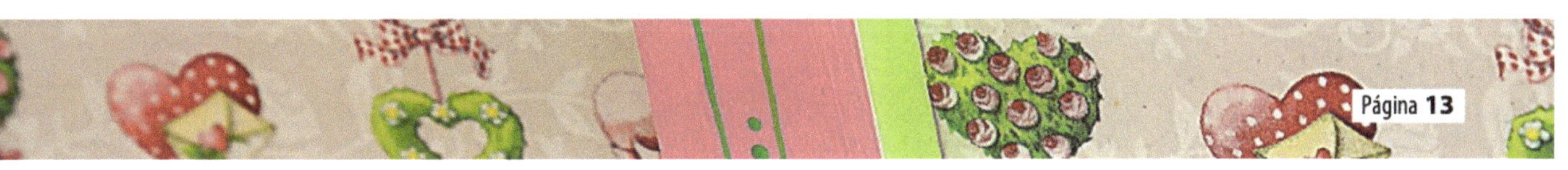

Juego de muñecas

1. SILLA: pintar con un pincel chato y base acrílica color blanco en las partes donde se realizará découpage.

2. Con base verde lima, pintar las patas delanteras. Dejar secar.

3. Con acrílico fucsia, pintar las patas traseras y el respaldo. Dejar secar.

4. Recortar una guarda de servilletas.

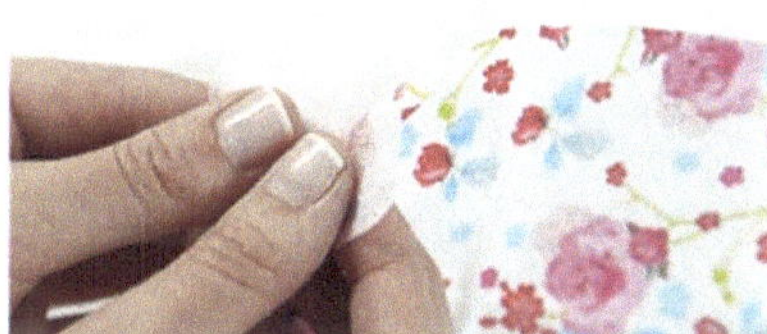

5. Separar las capas de papel del revés.

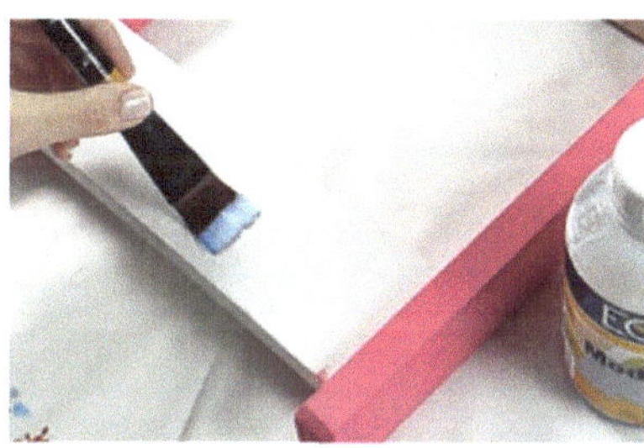

6. Pasar mod podge al respaldo, usando un pincel de cerda suave.

7. Apoyar la servilleta, cuidando que el diseño quede parejo.

8. Alisar la superficie con un nylon para eliminar las arrugas.

9. Retirar el nylon y luego aplicar una generosa capa de mod podge para fijar el découpage.

10. Realizar el découpage con una guarda de otro diseño debajo de la silla, aplicar mod podge y ubicar la guarda con cuidado.

11. Alisar la superficie con un nylon y volver a aplicar mod podge para asegurar la adherencia del papel.

12. Recortar un cuadrado de gomaespuma del mismo tamaño del asiento, luego recortar otro cuadrado de 10 cm más de cada lado, para poder envolver la parte del asiento.

13. Adherir la gomaespuma a la silla con ayuda de las semillas y un martillo.

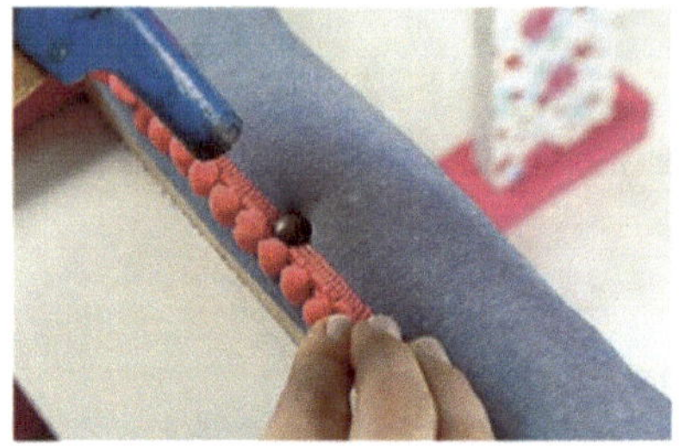

14. Adherir la tela de jean con la misma técnica. Luego, ajustar la tira de borlas con las tachas de terminación.

15. Pintar con acrílico fucsia sobre una bandejita de telgopor plana.

16. Presionar el sello para que se cargue bien con la pintura.

17. Ubicar en el tapizado e ir sellando toda la superficie.

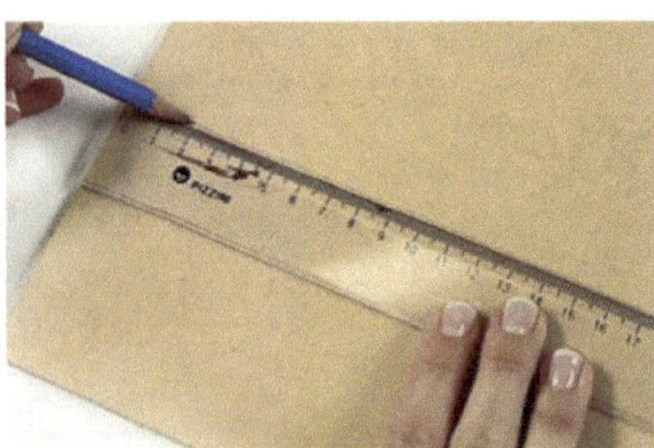

1. MESA: para la tabla de la mesa, marcar con un lápiz y regla la guarda a realizar.

2. Pintar con base acrílica blanca la guarda marcada en el paso anterior.

3. Recortar rectángulos y cuadrados de diferentes servilletas para poder cubrir la guarda que marcamos.

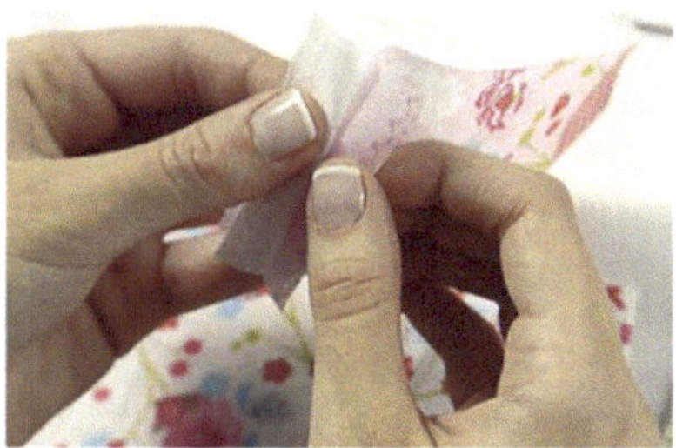

4. Retirar con cuidado las dos capas blancas del revés de uno de los recortes de papel.

5. Aplicar mod podge en el sector elegido, usando la pinceleta.

6. Ubicar el recorte de la servilleta.

7. Luego, apoyar el nylon. Presionar bien desde el centro hacia afuera.

8. Adherir otro cuadrado de servilleta al lado para ir formando la guarda.

9. Una vez completa, aplicar una generosa capa de mod podge para terminar de adherir.

10. Pintar con pintura para pizarrón al agua el resto de la tabla de la mesa.

11. Proteger todo el juego con barniz y diluyente mate, pero sin pasar sobre la pintura para pizarrón.

REALIZACIÓN: PAMELA RIVEIRO
Técnica: découpage sobre
macetas y cucharas
Una combinación original para
armar un adorno lleno de vida.
Pequeños jardincitos

1. Pintar la maceta con barniz de terminación al agua, esto funcionará como sellador. Dejar secar.

2. Recortar una guarda de la lámina.

3. Pasar mod podge por la parte superior de la maceta, usando un pincel de cerda suave.

Maceta cuadrada de cemento
Cucharas
Acrílico fucsia y amarillo de Nápoles
Lámina para découpage
Mod podge
Pegamento multipropósito
Barniz de terminación al agua
Pincel chato N° 12
Pintura verde para pizarrón
Pinceleta para utilizar con pegamento
Tijera y nylon
Lana al tono

4. Apoyar la guarda cuidando que el diseño quede parejo. Luego, alisar la superficie con un nylon para eliminar las arrugas.

5. Repetir el mismo paso con la guarda inferior.

6. Retirar el nylon. Luego, aplicar una generosa capa de mod podge para fijar el découpage y asegurando bien los bordes.

7. Marcar el diseño de la etiqueta sobre la cara frontal de la maceta.

8. Pintar con pintura verde para pizarrón.

9. Recortar flores de la lámina y adherirlas dentro de la etiqueta, utilizando pegamento multipropósito.

10. Espatular el borde de la etiqueta con mezcla de acrílico fucsia y amarillo de Nápoles en partes iguales. Dejar secar.

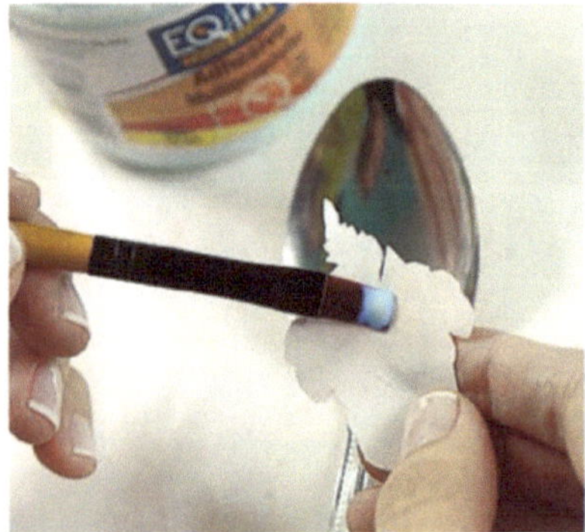

11. Para las cucharas, recortar un bouquet de flores de la lámina y aplicarle pegamento multipropósito.

12. Adherir sobre la cuchara. El découpage en las cucharas se puede proteger con barniz vitrificable.

13. Realizar un moño con lana doble al tono, para decorar.

REALIZACIÓN: PAMELA RIVEIRO
Técnica: découpage, esténcil y dimensional
Bellos motivos resaltados con pintura dimensional.
Bien ordenadito

1. Pintar el exterior de los cajones y la cajonera con base acrílica blanca. Dejar secar.

2. CAJONES: recortar la servilleta del tamaño del frente del cajón.

3. Retirar las dos capas posteriores de la servilleta.

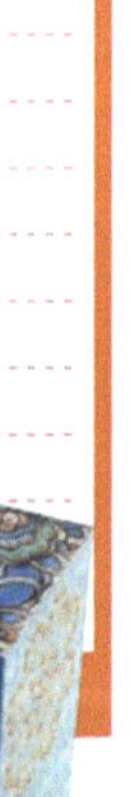

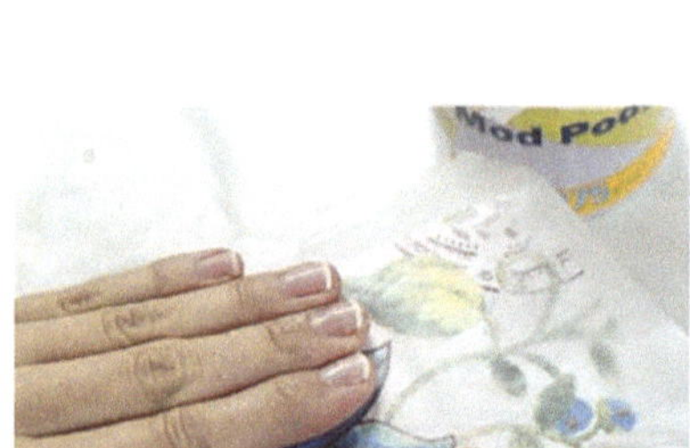

4. Aplicar mod podge con ayuda de un pincel de cerda suave.

5. Ubicar con cuidado la servilleta.

6. Colocar un nylon encima y presionar bien desde el centro hacia afuera, para evitar que se formen arrugas.

7. Aplicar una capa generosa de mod podge sobre la servilleta para que se adhiera bien. Dejar secar.

8. Con una lija, cortar los excedentes de servilleta.

9. Para los laterales, recortar un cuadrado de otra servilleta al tono y retirar las dos capas de papel blanco. Aplicar mod podge con ayuda de un pincel de cerda suave y aplicar el recorte.

10. Colocar un nylon encima y presionar bien. Aplicar una capa generosa de mod podge sobre la servilleta para que se adhiera bien. Dejar secar.

11. Con una lija, cortar los excedentes de servilleta.

12. Con acrílico azul cerúleo, pintar el interior de los cajones.

13. CAJONERA: retirar las dos capas posteriores de la servilleta. Aplicar mod podge con ayuda de un pincel de cerda suave, en la parte superior de la cajonera.

14. Ubicar la servilleta, colocar un nylon encima y presionar bien desde el centro hacia afuera, para evitar que se formen arrugas.

15. Aplicar una capa generosa de mod podge sobre la servilleta para que se adhiera bien. Dejar secar.

16. Con una lija, cortar los excedentes de servilleta.

17. Realizar el découpage con la otra servilleta, en los laterales de la cajonera.

18. Con acrílico azul cerúleo, pintar el interior de la cajonera.

19. Ubicar el esténcil sobre el lateral de la cajonera y, con ayuda de una esponjita, aplicar acrílico dorado. Levantar el esténcil con cuidado y dejar secar.

20. Aplicar, siguiendo el diseño del esténcil, diferentes puntos de dimensional dorado.

21. Hacer lo mismo sobre el diseño de la servilleta: aplicar diferentes puntos de dimensional dorado.

22. Proteger bien toda la superficie del découpage con barniz y diluyente satinado. Con una tachita, colocar una borla en cada cajón.

REALIZACIÓN: SUSANA ZEROKI
Técnica: découpage sobre metal
Pava y cafetera, recicladas
para convertirse en
adornos o floreros.
Bellos motivos...

1. PAVA: limpiar la superficie con alcohol y pintar con convertidor de óxido blanco mate, utilizando una muñequita de gomaespuma. Dejar secar.

2. Recortar las mariposas de la servilleta.

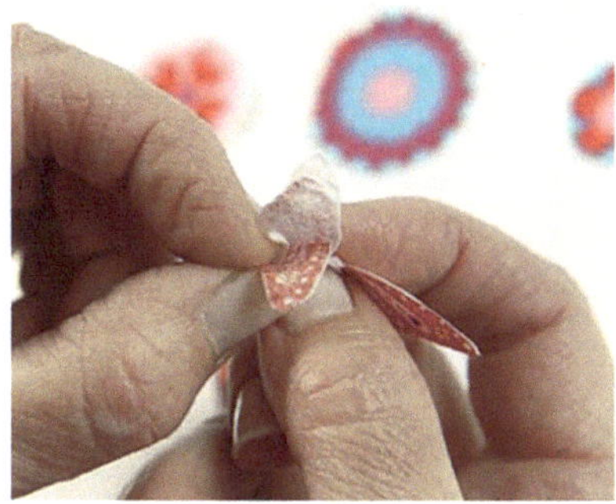

3. Con cuidado, retirar los papeles blancos del revés.

Materiales

Pava de aluminio
Convertidor de oxido blanco mate
Servilletas
Mod podge
Base acrílica turquesa
Acrílicos: blanco, fucsia, rosado y negro
Pincel de fibra sintética chato N° 10
Barniz y diluyente mate
Nylon
Tijera
Alcohol
Lija fina
Muñequita de gomaespuma

4. Recortar una guarda de la servilleta con diseño de flores y retirar los papeles blancos del revés.

5. Con el pincel chato N°10, pasar mod podge sobre el borde inferior de la pava.

6. Ubicar y pegar el recorte de la servilleta.

7. Alisar la superficie con un nylon para evitar las arrugas.

8. Retirar el excedente de servilleta con una lija fina.

9. Pasar mod podge en el lugar elegido y luego ubicar y pegar las mariposas.

10. Pasar nuevamente mod podge sobre la superficie, para que los diseños se adhieran bien.

11. De la misma manera, ubicar y pegar las flores. Pasar mod podge sobre la superficie, dejar secar.

12. Pintar con base acrílica turquesa el fondo de la pava, usando el pincel chato N° 10.

13. Con la mezcla de acrílicos fucsia y rosado, pintar el pico y la tapa; con acrílico negro, el asa de la pava. Luego, dejar secar.

14. Con el cabo del pincel y acrílico blanco, pintar algunos lunares en forma intercalada sobre todo el fondo turquesa.

15. Una vez seco el paso anterior, proteger toda la pieza con barniz y diluyente mate.

16. Realizar el découpage en la cafetera siguiendo los pasos anteriores, pintar el pico con base turquesa y lunares blancos, la cafetera con base acrílica rosa romántico y el asa con negro.

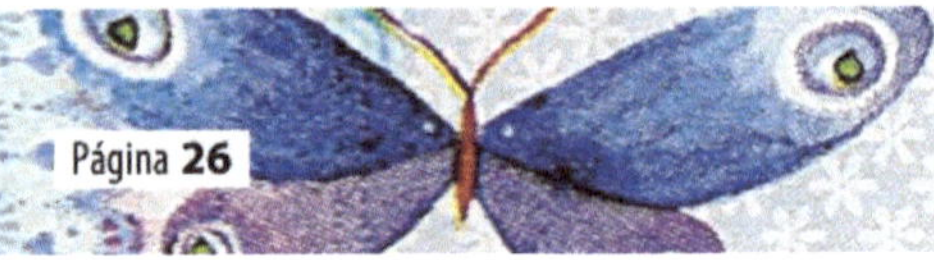

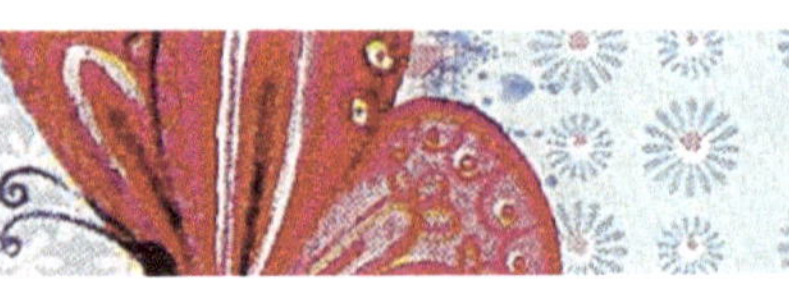

REALIZACIÓN: SUSANA ZEROKI
Técnica: découpage sobre tela
y mimbre
Sugerencias ideales para
mesas cubiertas de amor.
Combinación perfecta

1. CANASTO: pintar con base blanca, las canastas por dentro y por fuera, con una muñequita de gomaespuma. Dejar secar.

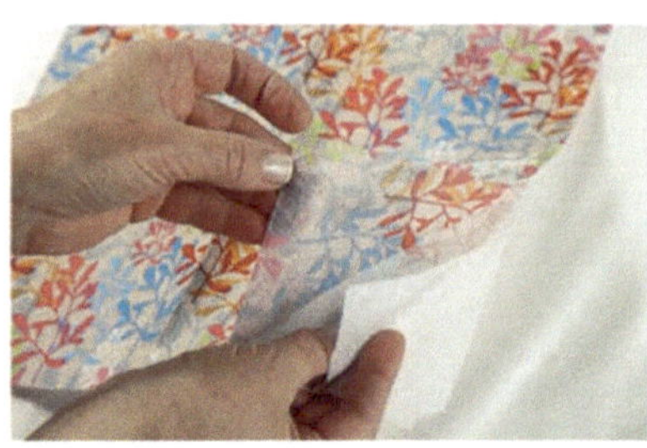

2. Retirar los papeles no impresos de la servilleta.

3. Pasar mod podge en el interior de la canasta.

Materiales

Canastas de mimbre de diferentes tamaños
1 cuadrado de tela de nido de abeja de
50 cm de lado
Servilletas para découpage
Mod podge
Découpage textil
Bases acrílicas: blanco, cielo y naranja
Pinceles de fibra sintética: chatos Nº 8 y 20
Tijera, lápiz
Carbónico
Lija fina
Hilo y cordón de algodón
Aguja
Nylon
Plancha
Muñequita de gomaespuma

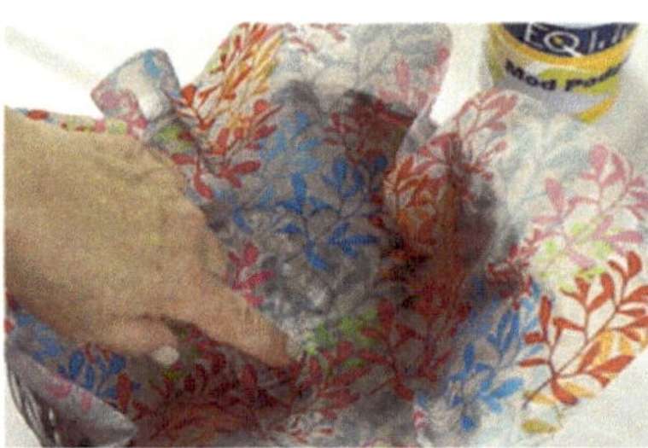

4. Ubicar y pegar la servilleta, recubriendo bien los bordes.

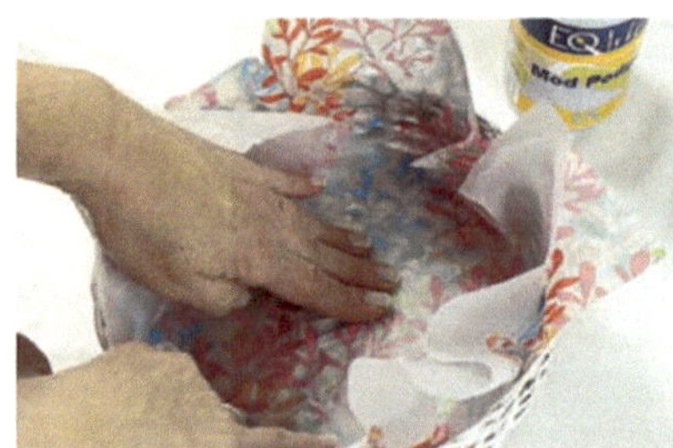

5. Alisar la superficie con un nylon.

6. Pasar mod podge sobre el découpage y dejar secar.

7. Retirar el excedente de servilleta con una lija fina.

8. Pasar mod podge en el borde externo .

9. Ubicar y pegar la servilleta y alisar la superficie con un nylon.

10. Pasar mod podge y dejar secar.

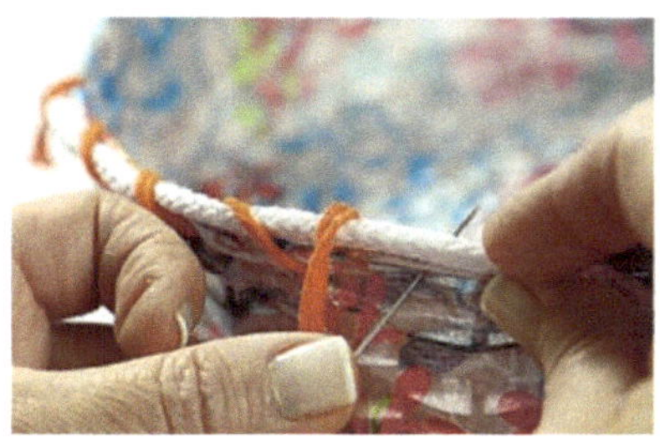

11. Coser el cordón de algodón al borde de la canasta.

1. MANTEL: marcar las flores y las hojas en servilletas de diferentes motivos.

2. Con tijera, recortarlas.

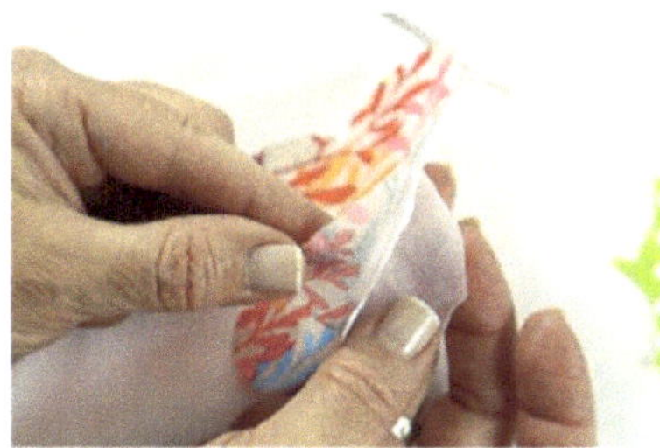

3. Con cuidado, retirar los papeles blancos del revés.

4. Pasar découpage textil sobre la tela. Ubicar y pegar las flores. Nuevamente pasar découpage textil sobre la superficie.

5. Ubicar y pegar las hojas, dejar secar.

6. Pintar los centros de las flores en forma alternada, con base acrílica cielo y naranja.

7. Dejar secar 24 hs y fijar el découpage con plancha.

8. Con el cabo del pincel pintar los lunares, usando acrílico color blanco. Dejar secar.

Diseño para transferir

REALIZACIÓN: SUSANA ZEROKI
Técnica: découpage sobre plástico
El découpage también puede aplicarse en superficies no convencionales.
Como nuevo...
Página 30

1. Limpiar la superficie con alcohol y pintar con esmalte sintético mate, utilizando una muñequita de gomaespuma. Dejar secar.

2. Retirar los papeles blancos no impresos de las servilletas.

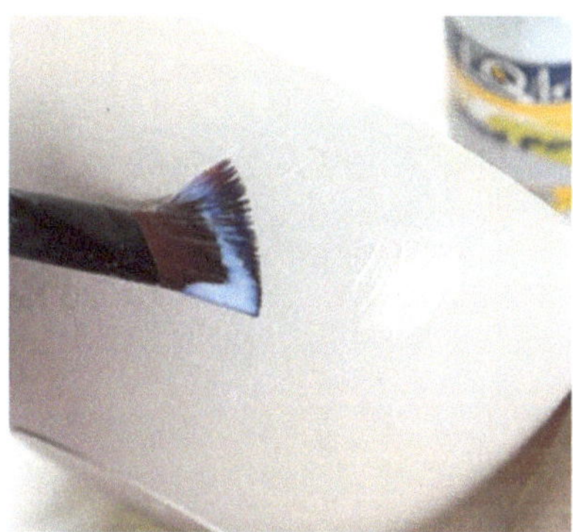

3. Pasar mod podge sobre la superficie.

4. Ubicar y pegar la servilleta comenzando desde un borde.

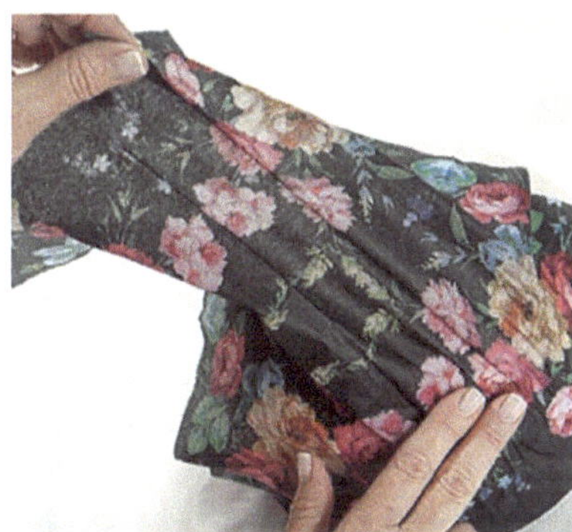

5. Estirar la servilleta y continuar pegando hacia el centro del bol.

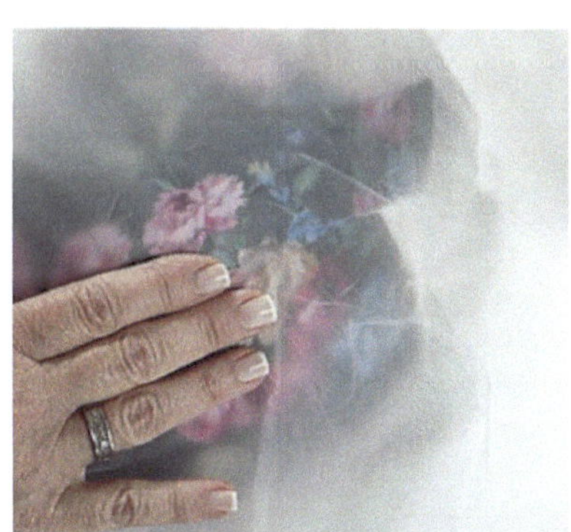

6. Alisar la superficie con un nylon.

7. Pasar mod podge sobre toda la superficie y dejar secar, retirar el excedente de servilleta con lija fina.

8. Pintar el interior del bol con base acrílica magenta. Dejar secar y proteger con barniz y diluyente mate. Con la misma técnica, realizar el découpage en el plato.

REALIZACIÓN: PAMELA RIVEIRO
Técnica: découpage sobre tela
Diseños luminosos para que las telas luzcan un estilo especial.
Paisaje natural

1. Marcar el diseño sobre las diferentes servilletas.

2. Recortar las flores y los pajaritos.

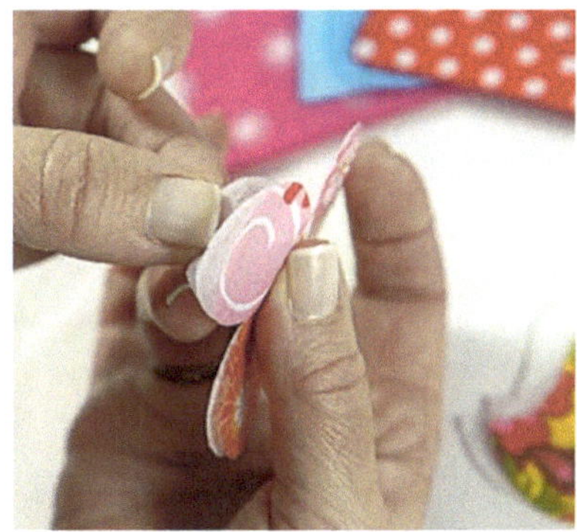

3. Retirar cuidadosamente los papeles blancos del revés.

Materiales

Fundas de almohadón de percal de 40 cm x 40 cm
Découpage textil
Servilletas de diferentes tonos y diseños
Tijera, lápiz y nylon
Pinceles de fibra sintética: chato N° 8 y liner 5/0
Acrílico chocolate
Aguja y botones
Hilos de algodón de diferentes tonos
Plancha

4. Colocar un nylon por debajo de la tela y pasar découpage textil.

5. Ubicar y pegar el pajarito. Pasar découpage textil sobre la tela. El pegamento tiene que rodear bien los bordes de la servilleta, para que estas no se despeguen.

6. Ubicar y pegar las flores siguiendo los pasos anteriores.

Diseño para transferir

7. Completar el diseño pegando más flores y hojas.

8. Con acrílico chocolate diluido a punto tinta y un pincel liner, pintar la cola del pajarito.

9. Con el mismo tono y pincel, pintar las patitas.

10. Dejar secar durante 24 horas. Colocar una tela sobre el découpage textil y fijar con plancha de ambos lados.

11. Coser los botones con hilo de algodón de diferentes tonos, en los centros de las flores.

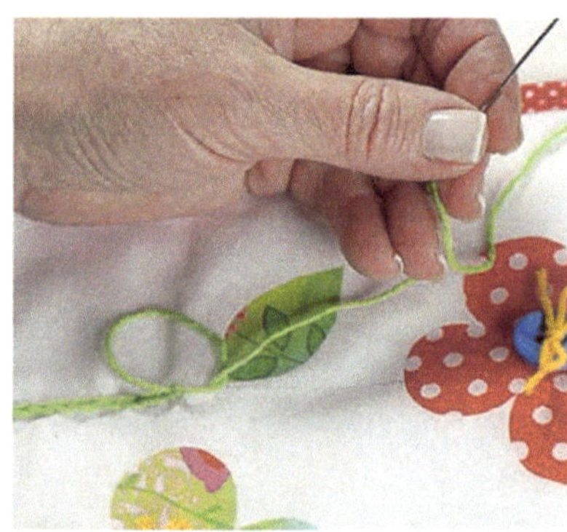

12. Bordar los tallos de las flores con hilo de algodón verde.

1. ALMOHADÓN CON CORAZÓN: recortar un corazón de la servilleta, realizar el découpage textil, dejar secar 24 horas y, luego, fijar con plancha.

2. Coser en el contorno un galón con pompones.